AF260083

CONSULTATION.

Le Conseil soussigné ;

Qui a lu le XIe Numéro de la *Correspondance Politique et Administrative*, par *M. Joseph Fiévée*; — Ensemble le jugement contre lui rendu par le tribunal de police correctionnelle, le 2 mai 1818; — Et les autres pièces et documens du procès ;

Est d'avis que ce jugement a mal jugé, et qu'il doit être infirmé sur l'appel.

On lit dans ce jugement qu'il est rendu *conformément aux dispositions de la loi du* 9 *novembre* 1815 ; il faudra donc se reporter à cette loi, et voir si réellement elle a pu autoriser une telle condamnation.

Ce jugement ne relate point les passages prétendus séditieux, il accuse l'ouvrage *dans son ensemble* ; il cite particulièrement *cinq pages* ; mais sans indiquer les phrases condamnables ou condamnées ; nous aurons à examiner si ce mode de prononciation abrégée est conforme aux règles judiciaires.

Enfin, et comme en Cour souveraine on doit défendre à toutes fins, le Conseil devra se livrer à l'investigation des passages prétendus séditieux, et vérifier jusqu'à quel point des phrases innocentes en elles-mêmes auroient pu devenir criminelles à force d'interprétation.

Il est avant tout nécessaire de jeter un coup d'œil sur la loi du 9 novembre ; car, en matière criminelle, le droit n'est pas moins important que le fait, puisqu'un fait, quel qu'il soit, n'est punissable qu'autant qu'il est qualifié crime ou délit par la loi.

Qu'on se reporte d'abord au temps où cette loi a été donnée ; c'est à une époque de *troubles* et de *malheurs*, et lorsque *de grandes passions s'agitoient encore*. (Préambule de la loi.)

Qu'on lise l'exposé des motifs de cette loi, fait par un ministre dont la modération est connue ; on est effrayé du tableau qu'il trace de l'impudence des séditieux. « Les révoltés, dit-il, veulent, à force » d'audace, regagner leurs avantages perdus ; les séditieux s'ex-» citent mutuellement, se cherchent, font des efforts pour être » aperçus en tous lieux, à toute heure, comme assurés d'une nou-» velle victoire, etc., etc. »

La loi, dans son article 3, est un monument irrécusable de l'excès du mal qu'on vouloit réprimer ; elle punit de la déportation toutes personnes qui feront entendre des cris séditieux *dans le palais du Roi ou sur son passage.*

Elle est intitulée : *Loi relative à la répression des cris séditieux et des provocations à la révolte.*

Ce n'est donc pas une loi *contre la liberté de la presse*, mais une loi *contre la rébellion* : ce n'est pas une loi contre les *écrivains politiques*, mais contre les *provocateurs à la révolte.* Cette première conséquence est importante à saisir.

Une autre considération, c'est que la loi du 9 novembre n'étant évidemment qu'une loi *de circonstance*, plus on s'est éloigné des circonstances au milieu desquelles elle a été portée, plus il est devenu nécessaire d'en resserrer l'action et d'en modérer l'effet.

Car, c'est une règle commune à toutes les lois de cette nature, qu'elles cessent avec les motifs qui les ont fait établir. *Cessante ratione legis, cessare quoque debet ejus dispositio.* Heineceius en donne un exemple frappant : Supposez, dit-il, une loi qui interdise aux étrangers l'entrée d'un pays à cause de la peste ; si la peste vient à cesser, la loi cessera comme elle (1).

Ce sage principe nous a valu, par le fait, l'abrogation d'une foule de lois révolutionnaires, cruelles et despotiques, qui n'ont jamais été formellement rapportées, mais dont nous avons été délivrés de plein droit par la cessation seule des motifs passagers qui les avoient dictées.

Aussi le ministère public, lui-même, a-t-il reconnu que cette loi

____

(1) HEINECCII *Elementa logica*, § 201. *De investigandâ ratione legis.*

avoit été conçue dans un esprit de sévérité qui ne s'allioit plus avec notre position actuelle, lorsqu'en concluant au *minimum* de la peine contre M. Fiévée, il s'est exprimé en ces termes : « Nous *regret-* » *tons* même que cette loi ne vous accorde pas le pouvoir discré- » tionnaire qui vous eût permis, selon les circonstances, de *réduire* » cette peine à une *modique amende*, ou même à la *simple suppres-* » *sion* de l'ouvrage. Avec cette LOYALE *modification*, vous ne » seriez pas aujourd'hui dans l'*alternative* ou de condamner à trois » mois d'emprisonnement et à 50 francs d'amende un homme que » la nature de son caractère et de ses opinions sembloit devoir pré- » server d'une pareille condamnation ; ou d'absoudre son écrit quand » il est réprouvé par une loi que vous devez appliquer, parce que » c'est la loi et que vous êtes magistrats ; que vous devez repecter, » parce que c'est la loi et que vous êtes citoyens. »

Cet aveu est précieux ; il appartient à la défense de s'en emparer ; il confirme ce que nous avons dit, qu'une loi de circonstance perd toujours de sa force à mesure qu'elle perd de sa nécessité.

De là à l'absolution il n'y avoit qu'un pas. Car s'il est vrai que le magistrat se trouvât dans la pénible *alternative* ou d'infliger une peine reconnue trop sévère ou d'absoudre un délit très-léger, ce doute pouvoit très-bien se résoudre en faveur du prévenu, sans que la loi s'indignât de la préférence.

En tout cas, il falloit être bien sûr de son fait, ne pas prendre pour délit ce qui n'en avoit pas le caractère, et ne pas tourmenter la pensée de l'auteur par des interprétations qui l'ont dénaturée en la forçant.

Voilà un premier ordre de réflexions dont le conseil a dû être vivement touché.

Mais quels sont les points qui ont donné prise sur le sieur Fiévée ? Quels sont les passages de son livre qui ont motivé la condamna- tion ?

Ici le Conseil a éprouvé un véritable embarras : il a dû chercher avant tout où étoit *le corps du délit.* Mais quelle a été sa surprise, lorsqu'en lisant le jugement sur lequel on le consultoit, il n'y a trouvé que les motifs ci-après, si toutefois on peut appeler motifs

des incises précédées du mot *Attendu*; et qui du reste n'expliquent pas la décision qui va suivre? — « Attendu que J. Fiévée a reconnu
» être l'auteur de l'ouvrage intitulé : *Correspondance Politique et*
» *Administrative*, et de la XIe partie de cet ouvrage ; — Que cette
» XIe partie considérée *dans son ensemble, et notamment dans les*
» *passages* qui se trouvent aux pages 15 , 35 , 58 60 et 69, présente
» les caractères d'un écrit séditieux ; — Que par cet écrit J. Fiévée a
» tenté d'affoiblir par des injures et des calomnies le respect dû au
» Roi et à son autorité : — Le tribunal déclare ledit J. Fiévée
» coupable, etc. »

Est-ce là une proposition démontrée ? Et suffisoit-il donc pour donner une juste idée du prétendu délit, de dire sommairement et par manière de formule , que l'écrit étoit *séditieux dans son ensemble , et notamment à telles pages ?*

S'il en pouvoit être ainsi , après s'être contenté de citer le numéro des pages, on se contenteroit d'indiquer les chapitres, puis le volume, puis les œuvres en masse; ce qui deviendroit aussi commode pour les accusateurs qu'embarrassant pour les accusés.

Dans son ensemble! Il faut donc lire l'ouvrage entier; en défendre le titre, les divisions, tous les chapitres, toutes les phrases, tous les mots, pour s'assurer qu'on aura réfuté toute l'accusation?

Et quant aux *pages* indiquées, si l'embarras est un peu moins grand , il y a toujours du vague et de l'incertitude , puisqu'à côté des phrases ou des mots qui auront frappé le juge , et qui auront *in petto* motivé sa décision , il s'en trouvera d'autres qui auront pu ne pas lui déplaire , et qu'il devient superflu de justifier. Mais comment discerner les unes des autres, si le jugement ne les a pas indiquées avec précision?

Les archives de la censure nous apprennent comment on procédoit à l'époque où elle étoit le plus en crédit. Lorsqu'un auteur étoit déféré au redoutable tribunal, on faisoit l'extrait des propositions que l'on vouloit condamner, et la censure frappoit, sans ménagemens comme sans équivoque, sur ces propositions.

Ainsi, lorsqu'on voulut condamner Jansénius, on tira de son ouvrage un certain nombre de propositions fixes que l'on condamna;

et ceux qui, après cela, soutenoient encore que les propositions n'étoient pas dans le livre, savoient du moins à quoi s'en prendre.

Cette marche a été suivie lors des précédentes accusations.

On a vu plusieurs jugemens, en matière de délits de la presse, *rapporter textuellement les passages qui avoient motivé la con-*
damnation ; mais on y a trouvé, dit-on, un inconvénient, celui de signaler par-là, et de mettre, pour ainsi dire, en évidence les choses qu'il s'agissoit de réprimer. Voilà pourquoi on y a renoncé.

Mais on n'a pas réfléchi qu'un délit présenté à côté de la peine, n'offroit pas de danger.

Et de plus, on devoit penser que si quelque inconvénient pouvoit en résulter, ce n'étoit pas une raison pour renoncer à l'exécution de la loi, qui veut que *le corps du délit* soit avant tout reconnu et caractérisé dans le jugement ;

Que les *questions de fait* et de droit qui constituent chaque procès soient posées distinctement et *avec précision ;*

Et que les juges motivent leurs décisions (1).

---

(1) Autrefois les juges n'étoient pas tenus de motiver leurs arrêts. Il en résultoit un arbitraire tel que le Parlement de Toulouse, dont les décisions sont souvent remarquables en matière criminelle, rendit le 28 août 1702 un arrêt qui ordonna qu'à l'avenir *la nature des crimes et cause d'accusation* des prévenus seroient insérées dans les arrêts. — Voyez sur le même sujet les arrêts du conseil des 10 août 1726 et 1er mars 1735, et l'arrêt de réglement du Parlement de Paris, du 29 août 1783, dans Prost de Royer, v° arrêt, n° 45.

Et comme les juges avoient encore trouvé le moyen d'éluder, en se fondant vaguement *sur les faits et les circonstances de la cause,* sans prendre la peine de déduire ces faits et ces circonstances, Louis XVI donna, le 3 novembre 1789, des lettres-patentes portant, article 22 : « Toute condamnation à peine afflictive ou » infamante, en première instance ou en dernier ressort, exprimera *les faits* pour » lesquels l'accusé sera condamné, sans qu'aucun juge puisse jamais employer » la formule *pour les cas résultant du procès.* » (Collect. de Baudouin, tom. Ier, pag. 44.)

Vint ensuite la loi du 24 août 1790, qui, par l'art. 15 du titre V, établit d'une manière générale les règles suivantes : « La rédaction des jugemens, tant sur l'appel » qu'en première instance, contiendra quatre parties distinctes. — Dans la première, les » noms et les qualités des parties seront énoncées. — Dans la deuxième, les ques-

En ne précisant rien, les premiers juges ont réduit l'accusé et ses conseils à de grandes difficultés pour la défense ; ils ont laissé dans l'incertitude les points d'attaque où il faudroit porter secours.

» tions *de fait* et de droit qui constituent le procès seront posées avec précision.
» — Dans la troisième, le résultat *des faits* reconnus ou constatés par l'instruction,
» et les motifs qui auront déterminé le jugement, seront exprimés. — La quatrième
» enfin, contiendra le dispositif du jugement. »

Non seulement il n'a jamais été dérogé à cette loi, mais elle a été formellement maintenue par celle du 20 avril 1810, *sur l'organisation judiciaire et l'administration de la justice*, dont l'article 7 porte que « *les arrêts,...... qui ne contiennent* » *pas les* MOTIFS, *sont déclarés* NULS.

L'art. 195 du Code d'instruction criminelle en fait une obligation, notamment aux *juges correctionnels*. Il y est dit : « Dans le dispositif de tout jugement de con-» damnation, seront énoncés *les faits* dont les personnes citées seront jugées cou-» pables ou responsables, la peine et les condamnations civiles. »

Malgré des dispositions aussi précises, un tribunal correctionnel, au lieu de détailler les faits constatés par l'instruction, avoit trouvé plus commode de s'en dispenser, et la Cour d'appel s'étoit également contentée *d'adopter les motifs des premiers juges*, sans en ajouter aucuns qui lui fussent propres. L'arrêt fut déféré à la Cour de cassation, qui, le 22 mai 1814, « Considérant....,. qu'il ne peut être porté de jugement *sur la qualification qui a été donnée aux faits reconnus, qu'autant que ces faits ont été déclarés dans les arrêts*..... que le procureur-général avoit articulé contre le prévenu, plusieurs faits qui lui paroissoient constituer..... des délits d'escroquerie...... que néanmoins la Cour d'appel *ne s'est expliquée sur aucun de ces faits*, qu'elle s'est bornée à prononcer la confirmation du jugement de première instance qui avoit acquitté le prévenu, en déclarant seulement « que *de la procédure* il ne résulte aucune preuve d'un fait caractéristique » du délit d'escroquerie. » — Que cette déclaration *vague* laisse *incertain* si les faits de la poursuite ont été prouvés en tout ou en partie, qu'elle ne permet pas *d'apprécier le caractère que la Cour d'Agen a reconnu aux faits qui ont pu lui paroître prouvés ;* qu'elle ne laisse donc pas à la Cour de cassation le moyen de juger si l'acquittement du prévenu a été une violation de la loi pénale; qu'elle confond le fait et le droit, et ne peut conséquemment être appliquée ni à l'un ni à l'autre ; d'où il suit que l'arrêt de la Cour d'appel...., reste sans motif, et qu'il est nul et doit être cassé d'après l'art. 7 de la loi du 20 avril 1810 ; — la Cour casse et annulle, etc. » — Sirey, tom. XIII, pag. 68.

Si on a cassé par ces motifs un arrêt *d'absolution*, à plus forte raison eût-on cassé un arrêt de *condamnation*. Car l'embarras d'appliquer le fait au droit eût été le même, et la défaveur eût été plus forte.

Voilà précisément où nous en sommes pour le jugement dont est appel.

En en effet, le Conseil n'a su au juste ou à peu près ce dont le sieur Fiévée étoit accusé, qu'en s'aidant des souvenirs qu'avoient laissés les débats de première instance.

Nous allons donc nous remettre sur les traces de l'accusation; persuadés qu'il suffit d'avoir signalé le vice de rédaction du jugement, pour que la Cour souveraine ramène sur ce point la jurisprudence aux termes de la loi.

L'ouvrage est condamné dans son *ensemble*, et dans plusieurs de ses *parties*. Nous avons dû l'examiner aussi sous ces deux points de vue.

Nous l'avons lu en entier, et lu avec attention, cherchant partout la sédition, avec la crainte de la trouver à chaque feuille de l'ouvrage; mais nous sommes arrivés jusqu'au bout, avec la satisfaction de ne l'avoir vue nulle part.

Il est impossible, en effet, de lire la *Correspondance Politique et Administrative*, sans demeurer convaincu de ces trois points :

Le sieur Fiévée aime le gouvernement *monarchique*;

Le sieur Fiévée aime les *Bourbons* et *leur dynastie*;

Et c'est parce qu'il les aime, qu'il signale les *fautes* qui, suivant lui, ont compromis leur gouvernement, et les *moyens* d'empêcher qu'il ne se compromette encore.

Oh ! certes, avec de tels sentimens, et alors même que l'auteur se seroit trompé sur les moyens, il est évident que le but est louable, que l'intention est bonne, que l'auteur n'est pas un rebelle, que l'écrit n'est pas séditieux.

Voilà encore une série d'idées qui nous ont fortement frappé.

Nous avons dû nous féliciter de cette impression individuelle, lorsqu'en lisant ensuite les réquisitoires de M. l'avocat du Roi *contre le sieur Fiévée*, nous y avons vu que cette justice lui avoit été rendue en des termes trop flatteurs dans la bouche d'un accusateur pour qu'ils ne soient pas répétés ici.

« Cet auteur (a dit M. l'avocat du Roi), quels que soient les » *paradoxes* qui lui ont été reprochés, n'en a pas moins consacré » un talent par fois remarquable au développement de *principes* » *qu'avoueroient les meilleurs publicistes*. Nous dirons plus : *la partie*

» de ses écrits qui vous est aujourd'hui *déférée* contient elle-même
» des aperçus ingénieux, des VÉRITÉS UTILES, et des raison-
» nemens d'un ordre élevé. »

Il n'est donc pas vrai que *l'ensemble* de cet écrit présente les
caractères d'un écrit séditieux ; car l'ensemble veut dire le tout (1) ;
et certes les premiers juges n'ont pas voulu condamner les *aperçus
ingénieux*, les *vérités utiles*, et les *raisonnemens d'un ordre élevé*
qui se trouvent *dans la partie des écrits du sieur Fiévée qui leur
étoit déférée.*

Aussi M. l'avocat du Roi s'est retranché dans les *détails* en recher-
chant minutieusement dans le corps de l'ouvrage quelques fragmens
qu'on pût réputer séditieux. Mais après s'être livré à ce pénible
travail dans tout le cours de son réquisitoire, au lieu de se trouver
animé par le résultat de ses recherches et de ses efforts, à conclure
avec sévérité contre le coupable auteur d'un écrit démontré séditieux,
il n'a pu s'empêcher d'avouer que le sieur Fiévée « N'AVOIT PAS
» COMMIS CE DÉLIT AU PROFIT DE LA SÉDITION PROPREMENT DITE,
» c'est-à-dire au profit des idées révolutionnaires et subversives de
» la vraie monarchie. Il a failli, dit-il, et s'est égaré en allant vers
» un but, peut-être *louable en lui-même*, bien différent en cela
» de ceux dont la marche et le but sont également punissables ;
» vous pourrez donc *apprécier cette considération*, etc. »

L'unique moyen d'apprécier cette considération à sa juste valeur,
étoit d'absoudre le prévenu ; car, franchement, on ne conçoit pas
comment on pouvoit appliquer une *loi relative à la répression des
cris* ou écrits SÉDITIEUX *et des provocations à la* RÉVOLTE, à un
homme qu'on avouoit *n'avoir pas écrit au profit de la* SÉDITION, et
ne s'être égaré qu'en allant vers un but LOUABLE.

Cependant on a condamné le sieur Fiévée ; et cette condamnation, surtout en l'absence de tout corps de délit qui ait été précisé
dans le jugement même, deviendroit vraiment inexplicable si l'on

____

(1) *Ensemble* s'emploie substantivement, pour dire ce qui résulte de l'union des
parties différentes qui composent *un tout*. (*Dict. de l'Acad.*)

(9)

ne rencontroit un peu plus bas les raisons alléguées par le ministère public pour faire condamner le sieur Fiévée.

« En voyant, a-t-il dit, L'UN DES MEILLEURS *écrivains politiques*
» CONDAMNÉ, malgré ses *talens*, sa *réputation*, et quelques *vues*
» *estimables*, ils apprendront que l'Etat qui ne commande pas les
» écrits polémiques, n'est point tenu de payer *ce qu'ils renferment*
» *de bon*, en tolérant ce qu'ils recèlent de mauvais; et qu'une pa-
» reille compensation seroit contraire aux règles de la morale et de
» la jurisprudence. »

Certes, on a dit souvent qu'il falloit punir les pervers pour effrayer ceux qui seroient tentés de les imiter ; mais on n'avoit pas encore dit qu'il fallût punir les bons pour effrayer, *à fortiori*, les méchans, et sévir contre les meilleurs écrivains pour contenir les plus mauvais.

Ce n'est pas qu'en effet ceux qui n'ont ni *talent*, ni *réputation*, ni *vues estimables*, ne doivent trembler pour eux à la vue du jugement qui a condamné le sieur Fiévée, à qui le ministère public accordoit toutes ces qualités; mais l'homme qui en étoit doué, au dire même de son accusateur, devoit-il être pris pour exemple ?

Mais revenons à notre proposition. Il n'est pas vrai que l'écrit du sieur Fiévée fût séditieux *dans son ensemble ;* le ministère public n'a pas fait le procès à *ce qu'il renfermoit de bon*, mais seulement à ce qu'il *a cru y voir de mauvais*. Les premiers juges n'ont pu avoir une autre pensée. Le mot *ensemble* a mal rendu leur idée.

Arrivons donc à cette autre partie de leur jugement qui signale notamment les pages 15, 35, 58, 60 et 69, comme présentant les caractères d'un écrit séditieux.

Cinq pages sur cent seize ! Le cercle se resserre, et il y a loin de là *à l'ensemble du livre*. Mais ici, nouvel embarras, procédant toujours du même vice dans la rédaction du jugement. Il n'indique pas les endroits qui, dans ces différentes pages, ont paru séditieux. Est-ce donc toute la page? Cela ne peut pas être ; car, chacune de ces pages débute et finit par des demi-phrases, dont le commencement ou la fin sont aux pages qui précèdent ou qui suivent. Ces pages participeroient donc aussi quelque peu de la sédition ; car, sans elles, le sens de la page condamnée n'est pas complet : et

2

pourtant, elles ne sont pas numérotées dans le jugement : elles sont donc absoutes du reproche de complicité.

Nous trouvons une autre raison pour douter que le jugement ait voulu condamner les pages entières ; c'est qu'il n'est pas une de ces pages signalées comme séditieuses, qui ne renferme des phrases qui évidemment ne le sont pas. (Voyez ces phrases relevées dans le N°. XIII de la *Correspondance*, etc. pages 143 et 144.)

Nous voilà donc encore forcés, par le vague même du jugement, par le manque de précision des points de fait qui constituoient le procès, c'est-à-dire le défaut d'indication des passages argués ; nous voilà, disons-nous, obligés d'aller encore aux informations, d'interroger les souvenirs d'audience, et de rechercher, hors du jugement même, ce qui devroit surtout se trouver dans le jugement, le *corps du délit* clairement indiqué.

Avant de nous attacher à telle ou telle phrase de telle ou telle page déterminément, et de nous exposer aux dangers d'une interprétation pour ainsi dire locale, nous avons voulu voir dans son entier la pensée de l'auteur, observer la marche de son raisonnement, extraire les propositions qu'il a voulu prouver, les réduire à leur plus simple expression, les apprécier ensuite en elles-mêmes pour ce qu'elles sont et pour ce qu'elles valent, et décider ainsi, en parfaite connoissance de cause, si l'écrit est séditieux ou non.

Les cinq pages arguées ne s'étendent pas au-delà de la soixante-dixième page. Cet espace est partagé en six chapitres.

Le premier est intitulé *Extrait du Courrier de Londres du 28 janvier* 1818. Il contient des fragmens du Discours prononcé *contre la France*, par lord Stanhope. Il se termine à la page 11, et n'est point signalé comme séditieux. On conçoit en effet que, sous un gouvernement représentatif, on n'ait point fait un crime à un écrivain français d'avoir fait connoître, en la réfutant, une Oraison politique dirigée contre l'existence de son pays, afin d'éveiller chez ses compatriotes ce sentiment national qui n'est jamais plus vif que lorsqu'il s'agit du salut de la patrie.

Le chapitre II est intitulé *de l'Amour des Peuples et des Senti-mens en Politique.*

Ici l'auteur entre en réfutation contre lord Stanhope, dont les objections sont assez connues pour n'avoir pas besoin d'être repro-duites.

M. Fiévée ne conçoit pas comment on fait entrer les *sentimens* en politique, dès qu'il s'agit d'une monarchie héréditaire où le *droit* est tout, indépendamment des *affections.*

« En général, dit-il, l'homme n'aime pas celui qui lui commande; » cela est si naturel qu'il ne faut pas s'en offenser. » M. Fiévée prouve cette thèse par des exemples tirés de notre histoire; et il termine par des *réflexions générales* sur la malheureuse facilité qu'ont les Rois à se laisser bercer de l'idée qu'ils sont aimés de leurs peuples.

L'auteur aborde ensuite cette autre question tout-à-fait distincte de la première : « Quand même l'amour des peuples seroit sincère, » le sort des Rois en seroit-il plus assuré, s'il n'avoit pour garantie » que des affections ? » — M. Fiévée résout cette question par la négative. Il cite le 20 mars, arrivé, malgré *l'attachement incon-testable des Français pour Louis XVIII.* Il allègue aussi l'exemple du Roi d'Angleterre, Georges III, à certaine époque de son règne; et il conclut en disant que « les sentimens du cœur ne prouvent rien » en politique. »..... « C'est, dit-il, ce qu'il falloit établir avant de » traiter la question dans son véritable sens. »

Chapitre III. Si les affections toutes seules ne sont pas une garantie suffisante de la stabilité du gouvernement, quel sera donc le moyen de se garantir des révolutions ? — Ici l'auteur ouvre une large théorie : il avance qu'une société en général, et en particulier une monarchie, ne peut subsister que par une organisation appropriée à sa nature.

« Il ne peut y avoir d'autre garantie de la stabilité d'un peuple » que dans son organisation intérieure. » (Pag. 22.)

D'où M. Fiévée conclut que ce n'est pas avec des armées d'occu-pation qu'on peut prévenir les bouleversemens politiques, « mais *avec*

» *des institutions* qui rendent à la fois impossibles les révolutions
» par les doctrines et par la force militaire. »

Chapitre IV. Poursuivant cette thèse, l'auteur de la *Corres-pondance Administrative* signale les causes qui ont préparé ou faci-lité le 20 mars. Ce n'est pas le défaut d'amour du peuple pour son Roi ; car, dit M. Fiévée, « le retour des Bourbons, en 1814,
» a inspiré en France le sentiment le plus vif et le plus général dont
» l'histoire puisse conserver le souvenir. » — « D'un autre côté,
» Buonaparte pesoit comme un poids sur toutes les poitrines; on ne
» respiroit plus. »

Et cependant Buonaparte est revenu, et les Bourbons sont repartis. Quelle est la cause de ce déplorable événement ?

M. Fiévée répond, page 35 : « Une absence totale d'organisation
» a permis à Buonaparte d'arriver de l'île d'Elbe aux Tuileries ; la
» même absence d'organisation a permis de le renverser par une
» seule bataille............ (Pag. 38), parce que la stabilité des empires
» n'est pas dans les *sentimens* qu'inspirent les Rois, dans la frayeur
» qui accompagne les conquérans, mais *dans les* INSTITUTIONS
» *en rapport avec le but de la société.* »

L'auteur en conclut que « si le prisonnier de l'île d'Elbe pouvoit,
» à la rigueur, être encore un moyen de troubles, il n'est plus pour
» personne un but fixe. »

Le Chapitre V, *de la République,* n'a donné lieu à aucune critique contre M. Fiévée ; on ne lui a pas reproché d'être républicain ; ce chapitre prouve trop évidemment le contraire. Passons donc au Chapitre VI, qui a pour titre : *Le but et les moyens.*

Lord Stanhope avoit prétendu que la coalition « avoit eu pour *but*
» la tranquillité de l'Europe, et que le gouvernement des Bourbons
» n'étoit que le *moyen* d'arriver à ce grand résultat. » (Pag. 53.)

M. Fiévée répond, pag. 54 : « Nous avons les Bourbons, parce
» que nous ne pouvions avoir qu'eux ; ils étoient à la fois le *moyen*
» et le *but.* S'ils nous échappent, ce sera par cette même *désorga-nisation intérieure* de la France qui n'a permis ni à Louis XVI

» de se maintenir, ni à aucun des gouvernemens qui lui ont succédé
» de s'établir. »

Après quoi il se demande, pag. 58 et 60, quelles institutions on
a formées depuis le retour du Roi, pour affermir la royauté contre
les doctrines populaires, « et si la France est organisée aujourd'hui
» pour garantir la stabilité du trône, et ne pas alarmer la tran-
» quillité de l'Europe ? »

L'auteur pense qu'on n'a pas fait ce qu'on auroit dû faire. Il
signale des fautes. Mais il est loin de regarder le mal comme étant
sans remède, puisqu'il prétend, pag. 69, que pour affermir le pouvoir, éloigner tout retour possible de la révolution, et consolider
la liberté, il ne faudroit que très-peu de temps........

Voilà donc quel est le système de M. Fiévée : l'amour des
peuples pour les Rois, quoique fort bon en soi, ne suffit pas pour
la garantie des trônes : cette garantie ne peut se rencontrer que
dans des institutions appropriées à la monarchie.

Tous les gouvernemens qui se sont succédés depuis 1789,
sont tombés tour à tour, parce qu'aucun d'eux ne réunissoit toutes
les conditions nécessaires à son existence.

L'Europe cherche le repos ; elle le trouvera, non dans l'occu-
pation militaire de la France, et dans une ligne de places plus
ou moins fortes, mais dans une organisation intérieure qui satisfasse
tous les intérêts.

Or, on n'a encore rien fait, pour créer en France des institutions
vraiment monarchiques ; on a commis des fautes ; elles ont eu
des conséquences funestes : il faut en prévenir le retour, et pour
cela, il faut des institutions.

La pensée dominante de M. Fiévée ; la proposition qu'il veut
par-dessus tout établir, est donc celle-ci : *il faut, pour la stabilité*
de la monarchie, créer des institutions conformes à l'esprit de
la monarchie.

Nous n'avons pas à prouver que les opinions politiques de
M. Fiévée sont les meilleures possibles ; il n'est pas nécessaire à sa
justification d'établir que son système a une bonté absolue ; il
ne s'agit pas de son apologie, mais de sa défense.

Or, sous ce point de vue, il nous semble que l'ouvrage de M. Fiévée se défend de lui-même du reproche de sédition. Non, ce n'est point un écrit séditieux que celui où l'auteur se déclare franchement

Le partisan des Bourbons

L'ami de leur dynastie ;

Le défenseur des droits monarchiques.

Après cela, que ses craintes soient dénuées de fondement, qu'il se trompe, si l'on veut, dans l'indication de ses moyens, il n'en est pas moins vrai que la lecture de son ouvrage laisse la conviction intime (que le réqusitoire du ministère public avoit déjà donnée), *qu'il n'a pas écrit au profit de la sédition, et que son but étoit louable en lui-même.*

A présent venons aux détails, et voyons s'il est vrai « Que, » par cet écrit J. Fiévée a tenté d'affoiblir par des injures et » des calomnies le respect dû au Roi et à son autorité. »

Et d'abord, l'auteur seroit bien malheureux n'étant pas maladroit, si, ayant un *but louable* en lui-même, celui d'affermir l'autorité royale par des institutions, il s'étoit trompé sur les *moyens*, à ce point de calomnier ou d'injurier la personne et l'autorité de son Roi.

D'un autre côté, comment pourroit-on dire qu'il *n'a pas écrit au profit de la sédition*, s'il avoit injurié et calomnié le Roi ?

Et enfin, s'il a réellement *injurié et calomnié le Roi*, comment l'avocat du Roi a t-il pu dire « Nous *regrettons* que la loi ne vous » accorde pas le pouvoir discrétionnaire qui vous eût permis » de *réduire* la peine à une *modique amende* ou même à la *simple* » *suppression ?* »

Non, M. Fiévée n'a point injurié, il n'a point calomnié le Roi ; non, pour tous les hommes qui, ayant lu son livre sans prévention, l'auront interprété sans malignité.

Qu'on n'attende pas de nous des dissertations grammaticales sur quelques mots isolés de ce passage qui a reçu, dans les débats, une si étrange interprétation. Nous le rapporterons en entier. Ecoutons :

« En général, l'homme n'aime pas celui qui lui commande ; cela est si naturel qu'il ne faut pas s'en offenser. Louis XI étoit cruel, Henri IV avoit beaucoup de bonté ; Louis XI est mort dans son lit des frayeurs qu'il se faisoit à lui-même, et Henri IV a été assassiné dans une rue : on ne l'a aimé qu'après l'avoir perdu, et par opposition à ce qui lui succédoit. C'est presque toujours ainsi que les peuples aiment. On jouoit les vertus de Louis XII sur le théâtre pendant qu'il vivoit ; en suivant son convoi, on le nommoit le Père du Peuple : c'étoit prendre des garanties contre son successeur. L'histoire est uniforme sur ce point, quand on sait la lire en la dégageant des politesses convenues. Nos philosophes révolutionnaires, en croyant aller à la découverte de grandes vérités, n'ont fait autre chose que de remettre au grand jour tout ce que l'habileté des siècles avoit pris soin de cacher, comme la partie honteuse de l'humanité. Il s'est formé entre les peuples et ceux qui les gouvernent, une hypocrisie de sentimens qui seroit dangereuse si elle n'étoit pas de convention ; malheur à ceux qui la prennent au sérieux ! Les souverains, en général faciles aux séductions, se sont inquiétés beaucoup trop de plaire dans le sens de la démocratie ; et comme il n'est jamais difficile de leur donner l'apparence d'une satisfaction à cet égard, ils se croient aimés quand on leur dit qu'ils le sont, et quelquefois même ils le répètent avec une bonhomie qui inspire de la pitié. Quand l'amour des peuples seroit sincère, le sort des Rois en seroit-il plus assuré s'il n'avoit pour garantie que des affections ? L'attachement incontestable des Français pour Louis XVIII avant le 20 mars, attachement témoigné avec tant de courage pendant les cent-jours, a-t-il arrêté d'une minute la marche de l'usurpateur ? Les droits des souverains ne sont pas fondés sur les *affections* et sur les *sentimens*, mais sur des motifs d'un ordre si élevé qu'ils suffisent même pour faire supporter un mauvais roi ; et les rois qu'on n'a pas aimés n'ont pas toujours été les plus mauvais. »

Disons-le avec confiance ; à la simple lecture, ce passage est justifié, comme il l'a été dans la pensée de tous ceux qui l'ont lu avant l'accusation.

La proposition de l'auteur est générale ; elle ne présente pas le sens particulier qu'on lui a prêté. M. Fiévée a protesté à l'instant même, avec chaleur, avec énergie, contre la pensée qu'on l'accusoit d'avoir eue secrètement d'en faire l'application à la personne du Roi. » J'ai fait, a-t-il dit, une phrase générale; les délateurs en ont fait » une phrase particulière ; l'accusation en a fait une phrase incon- » venante ; le jugement peut en faire une phrase criminelle ; et » cependant la *vérité inaltérable sera que j'ai fait une phrase* » *générale.* »

L'injure ici n'est pas dans le texte, on l'y chercheroit en vain : elle ne seroit que dans le sens caché qu'on prétendroit y découvrir : mais de telles interprétations sont divinatoires ; elles sont dangereuses ; elles favorisent l'arbitraire ; elles sont inadmissibles.

Il n'y auroit de coupables que les officieux interprètes qui, pour faire valoir la pénétration de leur esprit, ont eu la malheureuse imagination de faire, d'une réflexion générale, un portrait offensant, et la témérité de l'appliquer au Roi.

Aussi le défenseur de M. Fiévée a justifié son client de la seule manière dont il convenoit qu'il le fût; il a fait du Roi l'éloge le plus vrai, et dont tous les traits, en reproduisant fidèlement les qualités personnelles de Sa Majesté, ont montré toute l'indiscrétion du commentaire.

Un tyran peut prendre pour lui le mal qu'on dit de Tibère ou de Néron : mais un esprit fin, orné, délicat, ne peut être atteint par une interprétation inconciliable avec ces précieuses qualités.

Qu'on se reporte à la page 15, on verra que la phrase si étrangement interprétée, termine des réflexions *générales* sur ce que, « *en général*, l'homme n'aime pas celui qui lui commande. »

Ce point une fois démontré, M. Fiévée aborde une *autre* proposition : il se fait une question *nouvelle* : « Quand l'amour des peuples » seroit sincère, le sort des Rois en seroit-il plus assuré, s'il n'avoit » pour garantie que des affections ? » — (Et il répond immédiatement) : « *L'attachement* INCONTESTABLE *des Français pour Louis XVIII*, etc.

Le Roi est nommé ici ; il ne l'est pas dans la discussion de la première proposition. Il est présenté seulement à l'occasion de la seconde, et il est présenté, comme il doit l'être, environné de *l'attachement incontestable* des Français. Comment croire donc que l'auteur avoit voulu *contester* implicitement (ligne 19) ce même attachement qu'il présente comme *incontestable* à la ligne 25 de la *même* page ?

Voilà le danger des interprétations contre lesquelles nous nous élevons en point de doctrine, toutes les fois qu'elles ont pour objet de mettre une intention cachée à la place d'un fait avoué, un sens présumé à la place d'un sens évident, une conjecture hasardée à la place d'une certitude acquise. A quoi nous pourrions ajouter ce qu'a dit le ministère public lui-même (dans une affaire de ce genre plaidée depuis celle de M. Fiévée) « Qu'il n'interpréteroit plus, parce que » tout ce qui avoit besoin d'interprétation n'étoit pas dangereux. » (Moniteur du 14 mai 1818.)

La page 35 contient la phrase suivante : « Si le Roi, en 1814, avoit » organisé la France pour la conservation du trône et de ses liber- » tés, au lieu de rester en tout dans ce faux système qui ne pouvoit » convenir qu'à un conquérant, un usurpateur, un homme prodi- » gieusement actif, cet homme ne seroit pas revenu de l'île d'Elbe. »

Ce n'est point pour affoiblir le respect dû à la personne ou à l'autorité du Roi que l'auteur a fait cette remarque. Elle se lie à son système qu'il faut des institutions, que ces institutions doivent être *appropriées à la nature du gouvernement*, et que dès lors celles qui convenoient à un *usurpateur* ne convenoient pas à une *monarchie légitime.*

A l'appui de son assertion, il appelle les faits ; il cite le 20 mars comme un fait ; son raisonnement est celui-ci : *Les mêmes causes produisent les mêmes effets;* et puisque c'est le défaut d'institutions qui nous a mis à deux doigts de notre perte, ayons donc des institutions pour nous raffermir contre le retour de pareils événemens.

Là se trouvent deux choses : un regret et un conseil.

Le regret, sur ce qu'on n'a pas fait ce qu'il falloit faire ;

Le conseil, sur ce qu'il auroit fallu, sur ce qu'il faudroit qu'on fît.

Le regret n'est pas une injure ; il part d'un fond d'affection pour les Bourbons. Si l'auteur ne les aimoit pas, il ne déploreroit pas ce qu'il regarde comme la cause de leurs malheurs et des nôtres.

Il est vrai qu'il signale comme une *faute* qu'on n'ait pas fait, ce qu'il croit qu'on auroit dû faire. Mais, Sa Majesté elle-même n'avoit-elle pas dit dans sa proclamation du 28 juin 1815, insérée au Bulletin des Lois, septième série, n°. 2 : « Mon gouvernement devoit faire des » *fautes*, peut-être en a-t-il fait...... L'expérience seule pouvoit » avertir. »

Ce noble aveu respire la grandeur d'âme ; il est digne du Monarque qui, entendant dire en sa présence, *errare humanum est*, ajouta, dit-on, *et regium*.

Après cela, prétendra-t-on que l'assertion de M. Fiévée étoit *calomnieuse ?* Non ; il ne vouloit ni injurier, ni calomnier le Roi ; il regrettoit les malheurs passés ; il appréhendoit des malheurs à venir : voilà toute l'impression que laisse la lecture du chapitre où se trouve la page 35.

Il donne des conseils ; il se trompe peut-être sur les moyens : mais, en politique comme dans le commerce ordinaire de la vie, un conseil donné de bonne foi n'entraîne aucune responsabilité.

Ne perdons pas de vue qu'il ne s'agit jamais ici de prouver que M. Fiévée a eu raison, de justifier ses propositions en elles-mêmes, ni de rechercher si elles sont ou non *paradoxales ;* mais il s'agit uniquement d'établir que son ouvrage n'est pas un écrit *séditieux*, et qu'il n'a pas cherché à affoiblir, *par des injures et des calomnies*, le respect dû à la personne et à l'autorité du Roi.

Les mêmes raisonnemens servent de réponse à ce qui se trouve dit aux trois autres pages 58, 60 et 69. Elles reproduisent sans cesse l'argument qu'*il faut à la France des institutions monarchiques.*

De cette discussion il résulte, que l'écrit de M. Fiévée n'est pas plus séditieux dans ses *détails* que dans son *ensemble*; qu'il ne renferme ni *injure* ni *calomnie*; et que par conséquent le jugement dont est appel doit être infirmé.

Il doit l'être en la forme, à cause du vague de ses dispositions et de la violation manifeste de l'article 195, sur l'obligation où sont les tribunaux correctionnels *d'énoncer les faits* qui constituent le corps du délit.

Il doit l'être au fond , parce que l'ouvrage de M. Fiévée n'ayant rien de séditieux , d'injurieux ni de calomnieux, son auteur, quelles que soient d'ailleurs ses opinions , a eu droit de les publier et de les faire imprimer. (CHARTE , *art.* 8.)

Délibéré à Paris , *le* 22 *juin* 1818.

DUPIN.
FOURNEL.
DELACROIX-FRAINVILLE.
GICQUEL.
BERRYER.
DE LA CALPRADE.
PARQUIN.
PARDESSUS.
BERRYER , fils.
DELVINCOURT.
GAILLARD.
ROUX DE LABORIE.

HENNEQUIN , *Avocat plaidant.*

CAMUS , *Avoué.*

IMPRIMERIE DE LE NORMANT , RUE DE SEINE , N° 8.